DORLING KINDERSLEY

PEARSON
Scott
Foresman

¡Tornados!

Escrito por Kate Hayden

Un libro de Dorling Kindersley

LONDON, NEW YORK, SYDNEY, DELHI, PARIS,
MUNICH, and JOHANNESBURG
dk.com

For Dorling Kindersley
Project Editor Louise Pritchard
Art Editor Jill Plank

Senior Editor Linda Esposito
Senior Art Editor Diane Thistlethwaite
US Editor Regina Kahney
Production Melanie Dowland
Picture Researcher Liz Moore
Illustrator Peter Dennis
Indexer Lynn Bressler

Reading Consultant
Linda B. Gambrell, Ph.D

1 2 3 4 5 6 7 8 9 V0G1 10 09 08 07 06 05 04 03

Copyright © 2003 compilation Dorling Kindersley Limited, London
Copyright © 2003 Spanish text Pearson Education Inc. ·

ISBN 0-328-06208-1

The publisher would like to thank the following for their
kind permission to reproduce their photographs:
c=center; b=bottom; l=left; r=right; t=top

National Geographic Image Collection: Chris Johns 26-27b; **NOAA
Photo Library/NOAA Central Library** (www/photolib.noaa.gov/):
28t, 30; **Planet Earth Pictures:** Alex Benwell 15br, Paolo Fanciulli 7br;
Robert Harding Picture Library: 16, Sheila Beougher 18bl,
Warren Faidley/Agliolo 1br, Warren Faidley/Int'l Stock 16-17, 18tr, Jeff
Greenberg 22tr; **Tony Stone Images:** 21tr, Christoph Burki 5tr, Jerry
Kobalenko 4-5, John Lund 32, Alan R Moller 19b, Camille Tokerud 15cr;
Topham Picturepoint: 25br, J.McTyre 24.

dk.com

Nota para los maestros

Estos libros de *Dorling Kindersley* para primeros lectores, proporcionados a través de *Pearson Education,* han sido diseñados con la participación de destacados expertos en el campo de la lectura, como la Dra. Linda Gambrell, presidenta de la Conferencia Nacional de Lectura y ex-miembro del Consejo de la Asociación Internacional de Lectura. Los libros exploran temas de interés infantil y, asimismo, ofrecen una oportunidad de enriquecer el contenido académico de todos los grados de *Estudios sociales Scott Foresman* de una manera integral y divertida.

Las hermosas ilustraciones y fotografías a color se combinan con historias atractivas de lectura fácil y ofrecen una presentación novedosa de cada tema. Cada libro despertará el interés de los niños, y desarrollará sus destrezas de lectura, su cultura general y su amor por la lectura.

Rob estaba trabajando
en el corral de su granja en Texas.
Era un tranquilo día de primavera.
Pero su perro Barney estaba nervioso.
Se escondió debajo de un tractor
y no quería salir.
Rob pensó que Barney estaba enfermo.

De pronto, el cielo se oscureció.

Comenzó a caer granizo del tamaño

de pelotas de golf.

Se oyeron truenos

y los rayos atravesaron el cielo.

Después el aire quedó

completamente inmóvil.

¡Barney lo había presentido!

Poco más tarde, se formó un remolino
de inmensas nubes negras.

Tenían burbujas en la parte de arriba,
como la leche hirviendo.

El viento hacía volar la paja.

Justo entonces, una nube finita
bajó del cielo en espiral.

¡Era un tornado!

Rob se quedó paralizado.

El tornado tocó tierra.

El barro y la hierba saltaron al aire

como el humo de una hoguera.

Esto era sólo el comienzo.

El tornado empezó a desplazarse.

Brincó y rebotó por los campos.

A medida que recogía

barro del suelo,

se volvía más grande,

más rápido y más sucio.

Las trombas marinas

Las trombas marinas son tornados de agua que se forman sobre el mar. La tromba más alta medía 1 milla.

Rob miró horrorizado
que el tornado se dirigía
hacia la granja de su vecino.
A su paso levantó paja,
árboles y hasta una camioneta.
Rob los veía girar en el embudo.

Rob suspiró aliviado cuando vio
que el tornado se alejaba.
Pensó que estaba a salvo.
Pero entonces el tornado
cambió de dirección,
¡hacia su granja!

Ahora el tornado estaba
encima de la granja de Rob.
Se oyó un ruido
como una cascada de agua
y después un estruendo.
El granero se reventó,
como si hubiera explotado una bomba.

Rob corrió con Barney

hacia el sótano de su casa.

Le dolían los oídos

y casi no podía respirar.

Esto pasa porque la presión del aire

dentro de los tornados es muy baja.

Da dolor de oídos

y hace estallar los edificios.

 Justo cuando Rob
llegó al sótano,
el porche de su casa
hizo un ruido
ensordecedor y salió volando.
Después se quebraron las ventanas.
Dos minutos más tarde, no se oía nada.

Rob salió del sótano.
Los muebles estaban deshechos.
Casi no quedaban puertas
ni ventanas.
Rob se sintió afortunado
de estar con vida.

Los vecinos ayudaron a Rob
a limpiar. El tornado no tocó
la casa de los vecinos.

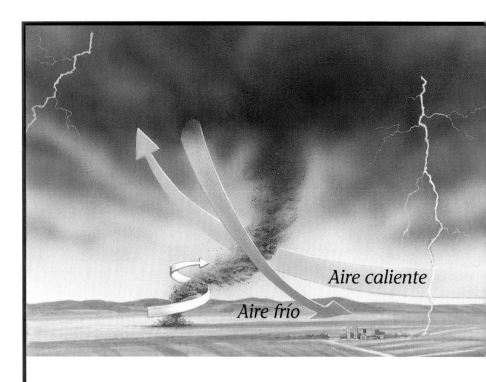

Aire caliente

Aire frío

Se pueden formar tornados
cuando una masa de aire caliente
choca con un frente de aire frío.
El aire caliente sube
y forma un embudo
que gira muy rápido.
Los vientos de los tornados
son los vientos más mortales
que existen.

Nadie sabe qué hará un tornado.

Puede levantar y destrozar

un camión inmenso,

pero dejar intacto

un objeto mucho más pequeño.

Un tornado levantó a un bebé

y lo dejó sano y salvo

a 300 pies de distancia.

¡El bebito ni siquiera

se despertó!

Una lluvia extraña

Pueden pasar cosas
muy extrañas cuando
los tornados dejan caer
lo que levantaron.
En Inglaterra, un tornado
hizo llover ranas.

Existen muchos
cuentos extraños
sobre tornados.
Una vez
un tornado
se llevó
el certificado
de nacimiento
de un señor
y lo dejó en el jardín
de un amigo,
a 50 millas de distancia.
Otro tornado aspiró
un ramo de rosas
y el agua de un florero
y los dejó en otra habitación,
pero el florero quedó sobre la mesa.

Un tornado levantó

un frasco de pepinillos

y lo arrastró varias millas

sin que el frasco se rompiera.

Los tornados son
de distintas formas
y tamaños.
Pueden ser delgados,
blancos y delicados.
O pueden ser grandes,
gruesos y negros.

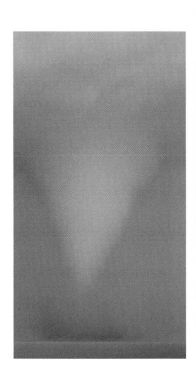

¡Hasta pueden
ser de color!
Si un tornado
pasa por un campo
cubierto de barro,
se pone color café,
¡y huele muy mal!

Los tornados pueden agrandarse

y moverse más rápido

a medida que se desplazan.

Algunos tienen como un aro

o nudo en el medio.

Otros son más anchos abajo.

Algunos parecen un tubo.

Otros tiene forma de triángulo.

Muchas personas
han visto un tornado.
Pero muy pocas
han sobrevivido después
de estar dentro de un tornado.

Un agricultor llamado Will Keller
miró dentro del interior de un tornado
desde su refugio subterráneo.
Justo cuando cerraba
la puerta del refugio,
vio muchos tornados pequeñitos
dentro del tornado grande.
Esos tornados pequeñitos
pueden destrozar un edificio
en mil pedazos.

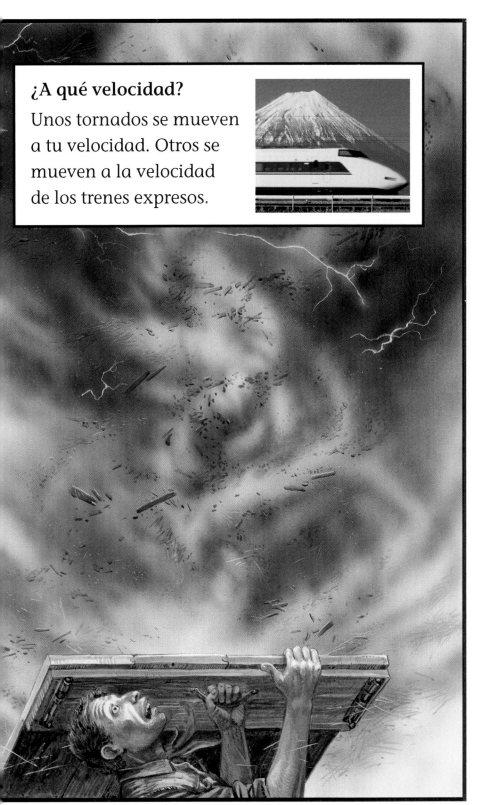

¿A qué velocidad?

Unos tornados se mueven a tu velocidad. Otros se mueven a la velocidad de los trenes expresos.

Hogar, dulce hogar

La gente del Callejón de los tornados es fiel a su hogar. Si se destruye una casa, la vuelven a construir.

En los Estados Unidos existe una zona que se conoce como el Callejón de los tornados. Es famosa por sus tornados mortales. Hay hasta 300 tornados entre los meses de abril y julio. Más de 80 personas mueren al año.

Los tornados se forman en esos meses
cuando el aire caliente del sur
choca con el aire frío del norte,
justo encima del Callejón
de los tornados.

CALLEJÓN DE LOS TORNADOS

De acuerdo con su intensidad,

la escala Fujita clasifica

los tornados de 0 a 5.

Un tornado F0 rompe las chimeneas.

Un F1 quiebra los postes de teléfono.

Un F2 arranca el techo de las casas.

Un F3 voltea los vagones de los trenes.

Un F4 destruye las casas más sólidas.

Un F5 deja pocas cosas en pie.

En 1999, un tornado F5

arrasó con Oklahoma City.

Murieron 45 personas.

El peor tornado

En 1925, un tornado
destruyó cuatro pueblos
en cuatro horas en el
Callejón de los tornados.
Murieron 689 personas.

Los que viven en esta zona
están preparados para los tornados.
La mayoría tiene un refugio
subterráneo fuera de la casa.

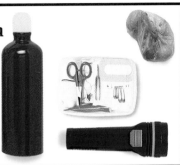

Para casos de emergencia

En los refugios
se guarda comida, agua,
linternas y un botiquín
de primeros auxilios.

En Texas, unas casas tienen
un refugio de fibra de vidrio
enterrado en el patio.

Los que no tienen un refugio,

se esconden
en el sótano
o en una
habitación
pequeña
en medio
de la casa.

*La familia Malone junto
a su refugio de fibra de
vidrio, antes de enterrarlo*

Gary England es
reportero del tiempo
de Oklahoma City.
Cuando se pronostican
muchos tornados,
el equipo de Gary permanece
en el aire 30 horas o más.

Los científicos le dicen
a Gary cómo estará el tiempo.
Gary se lo comunica
a los telespectadores.
Los científicos usan
una computadora
para pronosticar los tornados.
La computadora muestra una imagen
del lugar y la velocidad del tornado.

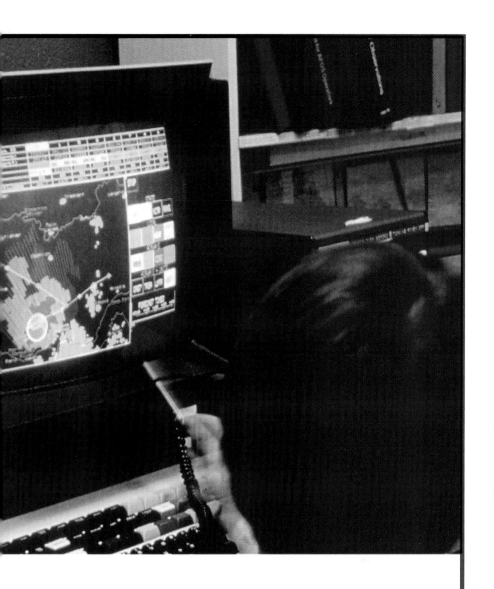

Pronósticos desde el espacio

Los satélites giran alrededor de la Tierra y envían información sobre el estado del tiempo a los científicos de la Tierra.

Los científicos le dicen a Gary
lo que creen que va a pasar.
Pero hay personas
que arriesgan la vida
para buscar y seguir los tornados.
Muchas de ellas tienen
equipo moderno,
como antenas de satélite.

Los cazatornados
le dicen a Gary
dónde hay un tornado
y en qué dirección se mueve.
Hasta le pueden decir
cuándo se está formando
un tornado.

Antes no se sabía

cuándo se acercaba un tornado.

Hoy en día, los cazatornados

y los científicos nos avisan con tiempo,

y así se salvan cientos de vidas.

La moderna camioneta de un cazatornados

Datos sobre los tornados

Los que viven en el Callejón de los tornados pueden ver si va a haber un tornado cuando llenan de gasolina el tanque del auto. En muchas estaciones de servicio hay pantallas con el pronóstico del tiempo.

Dentro de un tornado los vientos pueden alcanzar una velocidad de hasta 300 millas por hora.

En abril de 1974, pasaron 148 tornados por 13 estados de los Estados Unidos. Seis fueron de intensidad F5, que es el tipo más fuerte que existe.

En 1994, cientos de peces cayeron del cielo en Australia. Es probable que esto haya sido causado por un tornado.

Una tolvanera es un tornado que aspira la arena del desierto.

Un tornado puede durar desde unos pocos minutos hasta una hora.